Carolina Escobar Sarti

Guatemalteca. Escritora, columnista de prensa, investigadora social, profesora universitaria y actualmente Directora Nacional de Asociación La Alianza, entidad que trabaja con niñas y adolescentes en riesgo social, migrantes, víctimas de violencia sexual y trata de personas. Ha publicado varios libros de poesía, cuentos, ensayos, obras de investigación social y cientos de artículos de prensa.

Autora de *La penúltima luz* (Ediciones El Pensativo, 1999); *Palabras sonámbulas* (Editorial CES, 2000); *Rasgar el silencio* (Editorial Palo de Hormigo, 2003); *No somos poetas* (F&G Editores, 2006); *Patria mi cuerpo: Historia de una mujer desnuda* (F&G Editores, 2009); *Te devuelvo las llaves* (F&G Editores, 2010); *Exiliarse del corazón. Cartografía de amor y resistencia* (Editorial Cultura, 2012) y *Nada pesa* (F&G Editores, 2017). Otro libro, denominado también *No somos poetas* (distinto al anterior, en coautoría con Paula Acevedo y Tonibelle Che), fue publicado en el marco del proyecto Escénica/Poética. (Catafixia Editorial, 2017).

Como escritora ha representado a Guatemala en festivales y encuentros de poetas y escritores en Centroamérica, México, Estados Unidos, Colombia, Argentina, Hungría, Alemania, Barcelona, entre otros. Ha recibido reconocimientos de distintos grupos, organizaciones y entidades: Primer lugar en el III Certamen Nacional de Poesía Musicalizada Voces de Mujeres 1996, por el poema "Perdones Viejos"; el Premio UNICEF a la Comunicación 2000 por mejor artículo en prensa escrita. También ha recibido reconocimientos de la Hemeroteca Nacional, del Seminario de Cultura Mexicana y la Embajada de México, el Movimiento de Mujeres, universidades, la Secretaría de la Mujer, entre muchos otros. La Feria Municipal del Libro Guatemala-2007 llevó su nombre, y el Festival Internacional de Poesía que se realiza cada año en Quetzaltenango, Guatemala, le fue dedicado en el año 2013. En ese mismo año recibió también la medalla de la Orden Vicenta la Parra de la Cerda, otorgada a escritoras de reconocida trayectoria en la vida nacional. En el año 2016, le fue dedicada la Feria Internacional del Libro de Lawrence, Boston, Massachussets.

Nada pesa
(p = m x g)

Carolina Escobar Sarti

Carolina Escobar Sarti

Nada pesa
(p = m x g)

F&G editores

Nada pesa
$(p = m \times g)$
Carolina Escobar Sarti

Foto de la autora: Pepe Luarca

Impreso en Guatemala
Printed in Guatemala

F&G Editores
31 avenida "C" 5-54 zona 7,
Colonia Centro América
Guatemala
Teléfonos: (502) 2292 3792 — (502) 5406 0909
informacion@fygeditores.com
www.fygeditores.com

ISBN: 978-9929-700-34-5

Guatemala, noviembre de 2017

:parce ser una cuestión de masa y gravedad

lo nombraste

me buscaste

me llamaste   a los destierros   los encuentros   las despedidas

a sentir la fuerza del viento en los caminos boreales y las selvas de donde no se vuelve

amá la piedra —me dijiste—

quemate las alas hasta que no te pesen

doblá las ramas hasta convertirlas en raíces.

en palabras.

El porvenir es tan irrevocable
Como el rígido ayer. No hay una cosa
Que no sea una letra silenciosa
De la eterna escritura indescifrable
Cuyo libro es el tiempo. Quien se aleja
De su casa ya ha vuelto. Nuestra vida
Es la senda futura y recorrida.
J.L. Borges

(Fragmento del poema para
una versión del *I King*)

1. Lo creativo

Somos la memoria de lo que seremos.

los goznes de las puertas que cruzamos
se oxidan esperando que todo tenga sentido
y rechinan de noche
pidiendo la instauración de la luz.
y no
la vida no se nos da vacía
trae ecos de todas las eras
sin antes ni después,
por ello la escribimos con ambas manos
en círculos infinitos. Somos uno
encontrándonos permanentemente.

he llegado de nuevo a mí
a nosotros
luego de eternas vueltas de gato
por mis galaxias.
el movimiento refleja lo que siento
el corazón sigue bombeando sangre sin sombra
y vuelvo a reconocerme
en el viento que me bautiza.

amanezco con ganas de volverme
hacia la luz y ser vacío,
de habitar en otro meridiano
o de albergar el mundo sin que nada
me encoja.
quiero asomarme a otra ventana
y que la primera ráfaga de aire

ponga a volar las semillas
de mi cuerpo.
:que nada me pese

quiero esfumarme en el origen de algún todo
e impacientarme ante quien ama la guerra
ante verdades marcadas
con hierro caliente sobre la otra mejilla
ante esa terca parte mía
que insiste en querer saberlo todo.
hoy soy pregunta sin respuesta
porque sólo desde el otro lado de la duda
recuerdo la transparencia de la corriente
de la cual abreva la vida
y descubro el error de actuar mi drama
como si estuviera sola.

amanezco con el rostro vuelto
hacia una luz que adivina su eclipse.
quiero sólo habitarme y habitar
otro espacio donde no ser hallada
en el mismo lugar de siempre
hacerme inencontrable
darle la espalda a lenguajes agotados
a batallas que nadie ganará
a las hambres que no me toca saciar.

quitate de encima el peso
de tus desamparos —me dijiste—
hay que estar en otra parte justo en el instante
en que todo despierta.
es tiempo de soplar mi diente de león
de reconocer mis umbrales
no las fronteras

no el agua, sino su movimiento
no el vacío, sino lo que de mí, de nosotros
irrumpe y se abraza a él.

2. Lo receptivo

La tierra se entrega. Es húmeda, umbría, fecunda.
una mujer nace en sus regiones subterráneas
y galopa infatigable por prados y océanos lechosos
    con la vida y la muerte sobre su espalda
sin que su grupa salga de la vuelta.

la mujer es de la tierra, de allí su recorrido perpetuo
su dragón del cielo, dominio de la luz.
                la señal sella la unión.
esto no lo une ella suplicando
lo ha maquinado la eternidad
a fin de que la trama eterna se cumpla.
        :siendo fuego triunfa y destruye
        :siendo agua sofoca y nutre.

es mediodía en occidente.
los dragones luchan en la pradera
y derraman sangre negra y amarilla
la generosa tierra sostiene e insiste en la vida
la mujer cruza a galope un continente
sabe la distancia, sabe el obstáculo
        y resoplando, erizando las crines
intenta alcanzar la siguiente primavera.

3. La dificultad inicial

Apenas naciendo
me topé con el mundo
como leve brizna de hierba que brota
y saca la cabeza por el cuello abullonado
del rayo y la tormenta.
soy la que se debate en plenitud
por lograr su forma,
la que no abandona el movimiento.

despertó temprano
cuando todo estaba aún informe y oscuro
y mi cuerpo era temblor.
estaba naciendo en medio de árboles sin hojas
y vientos fríos. de ese instante
pendía mi vida o mi muerte.

tú llamaste.
hay nubes y truenos que quieren vaciarse
el universo decreta un movimiento perpetuo
hay tormentas que quieren romperse
para que la niña respire el alivio.

recojo la palabra de lo eterno
y soy brizna más fuerte que
pilar de roca, pero
¿qué es seguro en este mundo?

4. La necedad juvenil

No deberías darle la espalda al mar.
Tampoco a mí. Bailemos sobre las cenizas.
Guadalupe Plata

Bailemos sobre las cenizas, sobre el mar
:el hacha ha requerido de un ensayo-error milenario
poblado de relatos que pasaron
de cuerpo en cuerpo
de mano en ojo
de boca en boca en era en sueño

arriba y abajo quietud y peligro
al norte las señales de lo eterno, de reinados y enemigos
al este el paraíso con su pecado y nuestro exilio
al oeste el viaje por mar y nuestro eterno retorno
al sur nuestros desiertos y revelaciones.
nuestro peso es igual a masa por gravedad.

:nunca supimos hasta cuándo la agonía
la fuerza de la gota
horada la roca
y forja su trazo infinito.
:nunca sabremos hasta cuándo el amor.

5. La espera

Los dioses juegan con el tiempo
y nuestra agonía
      :cajas cartas molduras muros horas grises
      :bombas besos relatos burbujas de vidrio
      :civilizaciones úteros monedas al fondo de la fuente
      :aire patios hojas.
Poetas y relojeros.

en poemas de polvo
acurrucan el uno verso y las horas
los orgasmos, la mirada, la angustia, la saliva
los océanos, la nada.   Nada pesa.
tallan signos y agujas
sin saber para qué ojos
      ¿quién cree en el tiempo?

todo salto vuelve a su origen.
entre más existo
menos veo los relojes
que caminan entre el amor y el légamo
o duermen en las gavetas viejas
de la vida. todos palpitan. el de arena
con sus rutas vividas
de siglos y seda,
las otras máquinas tatuando
el tiempo en alguna obsesión.

      somos tiempo

:pero si yo fuera pantera al acecho
sería paciente:
esperaría una eternidad
y me comería luego la vida
al ritmo de mi hambre
y nuestros latidos.

6. El conflicto

El viaje será largo
la maleta está lista
también el dolor. 1960.
es el último día justo
el último temblor perfecto.

:hoy moriremos.

hay un presentimiento intruso
con ojos de noche en tecolote
al que le ha crecido
una barba de río cansado.
en la corazonada
hay sapos insomnes croando
en el suelo del mañana
hay cielos devorados y
mazorcas de estrellas desdentadas
ombligos rotos, tiernos
en las aldeas desfloradas.
hay dioses suplantados
en los templos del miedo.

:hoy moriremos.

se lanza la flecha
y dibuja su curva de sangre
sobre la tierra persignada
sobre los cuerpos arrasados
sobre el próximo sueño indefenso
sobre los amantes obstinados

que nunca morirán
que nunca morirán
que nunca morirán
que nunca

7. El ejército

"¿Qué si me contradigo? Sí, me
contradigo, soy gigante,
contengo multitudes."
Walt Whitman

No hay rifles de asalto con citas bíblicas
en mis designios. mis manos
no saben disparar.
los tiempos están cambiando
y se reordenan mis invisibles
huestes frente al porvenir,
no es fácil ser humana
en lugar de masa confundida
no es fácil dominar los abatimientos
controlar los instintos
marchar contra una misma
siendo como el viento
como el lugar profundo del río
como el relámpago.

contengo ejércitos de ideas e ímpetus.
soy agua de los mil destellos que me pertenecen.

8. La solidaridad

Hoy confluyen en mi mar todos los ríos,
todos los ríos sin la tiranía del mar.
en la profundidad de mi tierra
germina la vida
en medio de mis aguas, el faro.
        :cuestión de unirse.

        aspirar al Todo
        y cuando sea imposible
        inclinar la cabeza y entregarse.

desde el instante profundo
suben los sueños
que abrigan mi eternidad
todo se ha puesto de acuerdo con todo
para devolver y multiplicar lo que no pesa.

        somos el comienzo.

estoy viendo el primer rayo de sol
lamer mi pie desnudo
y echarse allí por un siglo.
        :entra solo y enciende mi luz
otro entra y despierta nuestro fuego
uno más ilumina al hijo recién nacido.
        y soy la llama
        la hoguera inmune
        lo que nunca ha muerto.

9. La fuerza domesticadora de lo pequeño*

¿Quié*n amará al diablo?*
¿Quién besará su lengua?
¿Quién cantará su canción?
Eagles of Death Metal

Hoy tembló de madrugada.
¿Quién es el que es siempre maldito y siempre bien recibido?
él dejó ver su cólera
        supo que lo sacaríamos
        de su casa telúrica al anochecer
        a golpe de fuego.

¿Qué es lo que se desea con ardor y se rechaza sin embargo?
dice la abuela que hay que quemarlo
que retiene, refrena y amansa
o se queda. dejarlo arder por horas
para que pese menos
en este lado del mundo.

¿Quién es el que no debe ser nunca invocado
y aquel cuyo nombre se oye siempre con placer?
hay que sacarlo
o se queda
entre las sábanas
en la sangre
en la cabecera de la mesa

(*) Este poema se escribe un 7 de diciembre, día de la quema del diablo en Guatemala. Contiene —en cursivas— fragmentos del *Fausto* de Goethe.

en las visiones que nos aprietan
o en el filo de la memoria.
¿Quién es el que se desterró a sí mismo?

10. Caminar

Un pie primero, luego el otro.
así los inicios
que no ando para cambiar de lugar
sino para ser otra
frente al siguiente paso.
pendiente del tigre
puedo andar sobre su cola
sin que me muerda,
pero un movimiento en falso
y el pedazo de piel me sería arrancado.
:o el corazón.

arriba el cielo y abajo el pantano
donde aquel se refleja.
suspendida entre ambos
una equilibrista cruzando la vida
para ir tras la saliva de lo eterno,
para des(a)nudar la muerte
y hallar el amuleto que todos buscan,
para escribir epitafios de rabia
y luz.

si querés saber, amor, de este paso
de este caminar
recordá primero que de vos me separan cada día
diez mil kilómetros
una eternidad de millas náuticas
y once horas de vuelo.

11. La paz

Aquí nada se vende
el vuelo de un águila
no se puede comprar.

Ella está en la orilla
rezando al amanecer
y al atardecer porque los lugares
quedan y nosotros
sólo estamos de paso.
le canta al mar y le pide permiso
para quedarse con una parte
de su alma.

cada primavera se sumerge
temprano en aguas azules
y sale con el biso en las manos,
después acaricia el hilo del alma del mar
y con limón, sol y especies
lo hace un brazalete
un pedazo de tela para el faldón de bautizo
una caricia para el dolor de los amantes.
:la idea del amor salva
aunque el amor nos condene.

estaba escrito en la piedra Rosetta:
el biso es saliva que pega lo que sucede
con lo que sucederá, lo de arriba
con lo de abajo,
la madeja que se aferra a la vida
a pesar de los embates.

ahora la hija de Ella
es mantis religiosa
y canta la misma canción
:antes de hundirse en el siguiente amanecer.

12. El estancamiento

"What will you catch? Whit what sort of bait?
Take care or you'll catch yourself."
Phillis Levin

Hay cansancio y la oscuridad existe.
la sangre está ciega
la ilusión, decapitada.

cielo y tierra no se encuentran

él está alejado, ella está sola y se oculta
aceptando las horas espesas
de la noche
y esperando también las otras,
las que dicen que siempre llegan
a posarse en la almohada
después de habernos metido debajo
del traje de nuestros espectros
después de habernos sumergido
en la lentitud amarga de nuestros temores
después de enterrar el puñal
que nunca quisimos tener cerca.

no hay aire y tampoco recuerdos donde descansar
ni siquiera hay luz
que alumbre el corazón tatuado
tampoco hay mirada hacia atrás
mientras se cruza la noche
:y el hoy engaña al tiempo.

esto es un lodazal de horas estancadas.

13. COMUNIDAD

Denme un país
quiero una ciudad, una aldea, un bosque
denme más que tribus
quiero un río limpio
una calle para todos los pasos
un nido donde no quepa el miedo.
denme un campo de flores amarillas
para que los puñados de mariposas
se hagan lazo en nuestras muñecas
y nos eleven por encima de los latidos
y los volcanes que saben hacer erupción.
quiero avenidas anchas y caminos abiertos
porque la vida no es un lugar adonde se llega
sino el trazo que va desatando el recorrido
y la visión de la huella hundida en el universo.
denme un país de senderos
y un pedazo de tierra donde nuestras sombras proyecten
pájaros en las manos.
dennos océanos
que se atrevan a sacar a flote
nuestras naves hundidas.
quiero edificios de luciérnagas
puertas sin cerraduras
y sueños sin alambre de púas.
dennos un país con sol
para calentar nuestro desaliento
y los huesos apretados
que alfombran esta tierra.
quiero lluvia sobre la esperanza
(que se fuga cualquier día)

ventanas para nuestra mirada irredenta
y parvadas de cielos claros
que alcancen para todos los ojos.
    :el fuego llama hacia arriba
    :su luz, hacia todas partes.

14. La posesión de lo grande

La que fui palidece.
mis pies acostumbrados desempolvan
otras calles en los zapatos de otros sueños
y en mis maletas va ropa ligera.

fui embrión entre lava caliente
supe de la hondura del lago que crucé
apenas empezando a vivir
perdí la mano que me acunó de niña
y se me fueron cayendo de a poco
los pedazos,
como bota las hojas el palo blanco
antes de brotarse.
me lancé en vuelo libre
al lado de las aves, en una misma bolsa de aire
un mismo útero universal
solo movida por el viento
antes de caer a tierra.
conmigo para siempre mi canto anterior
escrito en papel de arroz
con tinta indeleble en los muros de mi historia
en los semilleros de mi cuerpo
en las caídas libres de mis pesadillas
en las maletas viejas donde
de cuando en cuando aparece
una, solo una estrella de mar.

hoy parto de otra estación
distinta yo distintos pasos. distinta.
signos sumados a la lengua de mi madre

distintas ganas distintos torrentes distintos pies.
distintos. distinta saliva. distinta lágrima.
distinto fuego. el fuego está en lo alto
y todo lo ilumina
Escucha —Confucio dixit— *el canto del Fénix*
en la cima de la colina
entre los bosques de dyandra
abiertos al sol de levante.
Tupidas las hojas,
calmo y sereno el canto.

15. La modestia

Hoy me queda grande el ojo de la aguja
soy un grano de arroz en los campos anegados
un punto de arena
mezclado con la sal del mar.
hay días así.

hormiga gris
tenue
oculta bajo la tierra.

cuando el sol está en lo alto
ha de hacerse pequeño
para que vuelva a cumplirse
la profecía cotidiana de la luz.

16. El oficio de vivir

A mi piel de otoño le están naciendo ríos
que fluyen entre las piedras de mi vida
y mis dos orillas.

me gusta esta piel con que me estoy vistiendo.
más delgada que mi epidermis anterior
más honda, esta piel retoñada está viva y respira
sin dioses ni culpas
se lleva sus ríos y sus árboles para dentro
se interna en mi entrañable tiempo.
debajo suyo hay serpientes azules
irrigando el cuerpo poroso que hospeda
mi caudal de sangre terrosa y estelar.

en este domingo celeste de diciembre
mi piel de otoño está desnuda
sobre la alfombra de mi vida.
en ella, todos los surcos
y en cada uno la vida derramada
la historia de nuestra Abya Yala
la biblioteca de Alejandría
la masacre del pueblo armenio
ustedes, yo
nuestros columpios
la tierra que tuvimos entre las manos
el agua que cruzamos y nos cruzó
todas las nebulosas, nuestro llanto primero.

soy una piel de otoño que germina
sobre sus costuras y cicatrices.

soy lenguaje silencioso y perdurable como la piedra
piel nómada desde la cueva rupestre
palimpsesto, veladura sobre veladura
papel pautado para la música del universo
que se interna en mí de manera indispensable
como aire en cuerpo.

a mi piel le renacen cada día los dedos de los pies
para andar lo infinito
y siempre le están naciendo
siglos de deseo y palabras.
por ella soy cordillera de lenguajes nuevos
porque nada envejece, solo se transforma.

mi piel de otoño, caleidoscopio retoñado.
en ella todos mis tiempos eternamente presentes
:mis despiadadas y generosas floraciones
:mis eternos y leves inviernos
:mis transparentes estíos.
para no quedarme sin mirada
estoy reconociendo en mi cuerpo
el solo tiempo que es
la tierra en que he nacido
los dos hijos que fueron alumbrados
como el gesto más maravilloso de mi vida
y el cuerpo tuyo, que el mío amó
(y aún ama).

a mi piel de otoño le están naciendo niñas
con ojos de asombro
con sed de juego y ternura.
le nacen arrugas con olor a amanecer
y pájaros que hacen nidos para siempre.

(espero impaciente lo que anidará)
le están naciendo
las mujeres que aún me falta ser
sus nombres escritos con signos
de alfabetos peregrinos y caminos que tiemblan.

a mi piel de otoño le están naciendo
ciudades del futuro
y caudales de agua que dibujan
de tiempo en tiempo,
mi relieve terrestre.
esta piel cincelada ha sido el lugar moreno
donde los amorosos del mundo
se han querido en carne viva. Si contara la piel una vida,
diría también que hoy ha llovido a torrentes
que la tarde está empapada
que no hay cielo que no esté hecho de sol y sangre.
Hablemos piel, mientras llega la noche.

17. El seguimiento

Instalaré en mis profundidades
un artilugio para escuchar los sonidos de mis mares.

quiero saber cuál es mi firma acústica.

luego me alejaré. aún es de día.
a distancia podré escuchar
los cantos de mis delfines
el estruendo de mis corrientes
los rayos del sol atravesando mis aguas
los llamados urgentes de mis gigantescas ballenas
el sonido de la piel rasgada bajo la mandíbula de algún tiburón
los platos que se van rompiendo en mis barcos hundidos
y las conversaciones de sus fantasmas
los infinitos silencios del lecho marino
mis civilizaciones perdidas
y mis hermosas oscuridades.
a cincuenta metros, la luz habrá desaparecido.

sólo pido que el ruido del girar de este artilugio
no impida que mis delfines se escuchen entre sí a la hora de amar
que mis ballenas se pongan de acuerdo para saciar su hambre
o que a mi lecho marino le nazcan violetas
porque entonces no sabré dónde buscar el alimento
y todos los cantos se irán de mis profundidades.
¿qué quedaría? el mareógrafo,
el agua sola, uno que otro grito espectral,
y todos mis naufragios.

18. Destrucción

Creíamos que se llamaba primavera
pero las bombas siguen estallando
en nuestro pecho.

¿en qué momento la niña
deja de perseguir mariposas
y termina con un cinturón de pólvora
en el cuerpo?
era mentira, ningún dios mueve los hilos
del destino
los titiriteros de la injusticia
que trastocan los sueños niños
están hechos de carne y odio.

estoy despierta y me he quedado sin poema
como nos vamos quedando sin inocentes
en la cuna, en el parque, en la disco
en la transcripción del estallido
en Siria
en París
y en Guatemala.
nos quedamos sin llanto
y con catedrales de ilusiones
en las manos.

hoy me miro al espejo y
reconozco las calles del mundo
anegadas de vidas interrumpidas
que de noche se quedan quietas en mi cuerpo.
y me recuerdo niña con el dulce en la boca

y mi nombre se vuelve nostalgia.

creíamos que se llamaba primavera
y los planes eran otros. Queríamos
ser felices.

19. El acercamiento

*Instrucciones para cruzar el Pont des Arts**
(o cualquier otro puente)

Mi alma está sobre el abismo
lista para atravesar
(a ritmo de pájaro) la vida
para despedirse de lo que tuvo nombre
mientras busca la puerta de salida
y reconoce el umbral de las ventanas derribadas
(del cristal se valora la transparencia)
en este algo de ingravidez que me soporta.

vuelvo a nombrar y
no hay sombra cuando el alma cruza
el puente.

atravesarlo y llorar hasta el centro de mi devenir
salvar mis pasos y
ser el refugio de nuestra historia franqueada por agua.
fluir cuando el universo quiere ser anónimo
cuando lo grande
une los pequeños márgenes suspendidos sobre
corrientes subterráneas que no reposan
y nos vencen el obstáculo
esperando el milagro húmedo del amor.

(*) Con este poema inicia este libro en París, un 11 de noviembre de 2012, en el 94 aniversario del Día del Armisticio y en la celebración del último cumpleaños del padre de mis hijos.

20. La contemplación

I can´t say who I am
unless you agree I am real.
Amiri Baraka (Numbers, letters)

Entre dos espejos
el hilo infinito de la araña. Pueden verme
todos los ojos
del universo a los que yo veo
puedo sentir cada célula vibrando en colmenas
inagotables
y en medio de mi pupila el edificio de enfrente
la montaña erguida
el bar decadente de la esquina
la niebla de la tarde.
hoy me dijo la niña sin madre que
no le gustaba que yo abrazara a ninguna más
porque sólo soy suya.
ayer estuve en la plaza tomada de mi ciudad
bajo un cartel que decía:
"Disculpe las molestias, estamos en Revolución."
mi madre llamó temprano
en su afán de preservar la amorosa memoria del mundo,
y el vientre de mi recién hija anuncia la llegada de
un nuevo sueño líquido.
es hora de cenar y tengo hambre. todas las hambres.
hace algunas horas escribí una, dos, tres cartas,
y un artículo que aparecerá mañana en la prensa.
ahora escribo poemas y creo que soy real.

creo. quiero creer. ¿soy real para vos?
la sola pregunta lo cambia todo.
si vos me ves y me nombrás existo toda.
vos destino de mi palabra, yo oficiante del poema
nos reconocemos. entonces sucede.
            :existimos para el otro
oímos nuestro minuto hecho sangre
vos no me temés
yo no te temo. existimos.

21. La mordedura tajante

Hay vientos acelerados
árboles derrotados
en medio de la ceniza expulsada.
las mandíbulas están apretadas
y mis dientes rompen lo oscuro
lo que no ama
mis historias encadenantes
hasta atravesar el obstáculo
a mí misma.
desgarro rápidamente el bocado
seco que me corta la lengua
en medio de truenos y rayos.
asoma el dolor de lo oscuro
y el instante sin sonido
está más vivo que el tiempo que canta.
la ley se cumple
queda la herida de la punta de la flecha
que traza el arco de camino a la libertad
y sobre los párpados del mundo
la mordida dibujada.

22. La Gracia

A Ignacio

Primero de enero de 2016.
hay un fuego blanco que irrumpe
desde las profundidades de la tierra
y estalla en el corazón del cielo.
es la medianoche y el mediodía
en la belleza que marca los avatares
del tiempo eterno.
                    ahora estoy sola
pero a las doce en punto empecé lo nuevo
con la esperanza de futuro
en mis brazos.
Ignacio trajo consigo el fuego
al soplo de tensión
entre lo que era, lo que es y será
cuando las apetencias callaron
y se sosegó la osadía
para que el mundo estallara en luz.

se aclara el cielo
mientras camino de puntillas
sobre la viga suspendida en el vacío
que se ha llenado de ti.
Hay un pato salvaje que reposa
antes del siguiente vuelo,
tuyas son las alas.

23. La desintegración

Lugar
(nombre masculino)
1. Porción del espacio, real o imaginada,
en que se sitúa algo.
2. Situación o posición, real o figurada, que
corresponde a una persona por
su función, importancia o estado.

lugar común: te extrañé anoche
lugar otro: te extrañaría aunque no nos conociéramos
mientras el lugar:
                    :beso tus párpados
                    :soy las constelaciones
                    :contengo los mares
                    :alucino todos los rostros
                    :toda la luz y la lobreguez
en el lugar: soñá
                    que te cuento el mundo mientras dormís
                    que beso el lugar de nuestro cuerpo
                    y los mundos que no duermen.
más allá de un lugar: con tu amanecer me haré un huipil
en el otro lugar: en tu cama y tu sueño.
                      cuando aclare me verás
                      y se desintegrará en el aire la silueta que no pesa.
será la misma de la cordillera
que ves más allá de tu ventana.

24. Solsticio

Hoy volveremos a amarnos.
el sol está quieto
el mundo está en calma
y el tiempo de nuestra oscuridad
ha pasado. todo vuelve por sí mismo
en sí mismo.
será nuestra noche más larga y
sé que me preguntarás
cómo es el lugar de dónde vengo
y te responderé
que sos ese lugar.
volveremos a amarnos
como cuando la tierra
            endurecida por un invierno que se va
vuelve a engrendrarse verde, húmeda.
hoy será nuestra noche más larga
y no habrá fantasmas en ningún laberinto
prisa en ningunas manos
o soledad que se quede sin beso.
y nuestros cuerpos serán poemas
dándole la vuelta al sol.

25. La inocencia

Hoy la muerte
:que vive atormentada por los humanos
tocó dos veces
en las vecindades.
arriba quedó el cielo,
en todas partes lo todo y
abajo el movimiento que responde
al mandato que no acepta pregunta.

sencilla la vida
en cambio
arribó a casa hace tres semanas.
y se irguió
inocente y leve
sin doblez ni falsificación
para recordarnos la pureza
que no se enturbia.
ante nosotros el único camino cierto
es el del vientre a la tumba
el del todo que se desvanece en el Todo.
y entendemos
:finalmente entendemos
que no es sólo nuestra la luz
que encendemos.

26. La fuerza domesticadora de lo grande

"Hoy es siempre todavía.
Toda la vida es ahora."
Antonio Machado

Siempre me iba primero
ponía las sábanas sobre mis miedos
cerraba las ventanas
y cruzaba la esquina
antes de ser vaciada.

hasta que ser abandonada o no
dejó de ser la cuestión.

siempre sentí que todo
era menos complicado si
yo dejaba un umbral, un amor, un pedazo de tierra,
una ciudad, una calle, un libro,
una casa, y hasta el papel amarillo
que decía soledad.
:somos animales de costumbres
:tenemos todo bajo control,
(incluso las veces que lloraremos).

cosa distinta es cuando nos dejan.
eso pide rendición, derrota, sentir
que no hay suelo bajo nuestros pies.

hasta que el abandono deja de importar
y comienzan a importar el amor

el ahora, el segundo de vida y la eternidad
entonces marcharnos o que se marchen
ya no abriga el miedo
porque lo que cuenta
se siente en otra parte del cuerpo.

Esta vez me quedo.

27. NUTRIRSE

Sembré en primavera
cuando todas las cosas
se vuelven cabales
y guardé luego la cosecha
en los graneros de mi cuerpo
para comerme la esencia del universo.

pero ¿a cuál loba he de alimentar?
¿a la del manto gris
que se deja acariciar por el sol?
¿a la de la boca poblada
de filudos dientes
y fétido aliento?
¿a la que juega con sus cachorros
sin dejar de olfatear
la manada de leones que se acerca?
¿a la loba alfa que aúlla
vigilante en las sombras
mientras el mundo duerme?

lo que alimento, Soy.
de afuera hacia adentro
cada boca vacía
sabe cuál es su fruta.

28. La preponderancia de lo grande

In his sight,
One shall turn from the dust of the grave,
And move upward to the woodland.
Yone Nogushi

Amé las alamedas.
siempre soñé que se abrían
:hasta que vi el álamo.

la tierra anegada
y el álamo solitario
luego del agua.
la tierra fangosa
y el álamo de pie
entre crecer o hundirse.
la tierra impaciente
y el álamo sostenido
como el abrazo
sin doblegarse.

cristal erguido de los mil reflejos.

entonces amé el álamo
la sustancia de su semilla
su danza con el viento
la potencia de lo que se sostiene
:a pesar de sí mismo
:sin preguntar nada de sí
:sin renunciar a sí mismo

y el álamo fue la alameda
y la alameda él
y a su sombra yo,
que vengo del polvo.

29. Lo abismal, el agua

Las ventanas sudan
y dibujan caminos de agua
cuando afuera hace más frío.
entonces mi dedo índice se transforma
en pincel, en poema, en tu rostro
en pregunta
en la vida que me queda.

¿cuántos se han lanzado a la boca del abismo.
.
.
.
.
. desde una ventana?

30. El fuego, su aire

encendemos una llama
y ponemos sobre su espalda

:el peso de nuestro fuego
:la ruta de nuestro deseo
:el ADN de nuestro tiempo
:la memoria de nuestros vivos y nuestros muertos
:la anticipación a nuestros miedos

¿cuánto pesa una llama?

apenas tiene el peso de alumbrar
de encenderse
y comerse el tiempo. De inflamar
con sus enfáticas lenguas
el próximo encuentro.

¿cuánto pesa una llama?

nunca más que quien la enciende.

31. Unir

En la casa de los tres mundos
vi a un hombre que me miró
hace cien años.
él llegaba vestido de atlántico
en la boca del dragón rojo,
yo llegaba desnuda de selva
con el cuerpo bañado en lago
de cráter inundado.
apenas fuimos la poesía y
la mirada de un febrero.
remontamos el mar y el camino
de regreso a nuestras vidas
el rastro quedó en el agua
en el iris
en la baba del mundo.

repatriamos nuestros presentes.

en el ahora avivamos el olfato
despertamos del sueño natal
y olvidamos los abismos
para reencontramos en la bifurcación
de nuestro tiempo.
durante mil días fuimos
eternos practicantes
del amor extremo
ligeros cuerpos enredados
a la velocidad de la luz de una vela

unimos lo que pertenece unido

lo que ahora está en suspenso y nos deja sin aire
la mirada que seremos
el próximo siglo en que sí nos atrevimos.

32. La duración

Se habla de una mujer despierta
que no consigue boleto para una noche de sueño
una mujer sin país y sin llanto
habitada de gramos de nube. se habla
de su aurora como si fuera la primera del mundo
y de los zapatos que ciñen sus pasos
entre el diámetro de sus alas.

        solo uno sabe su nombre completo.
        solo ella y uno.
ella huele
como las lobas y las aves.

dicen que ha salido de la ciudad
a buscar flores, hierbas de olor,
calles para su palabra
lenguas de miel y frutos dulces.
que salió a cruzar un lago
que ha cosido estrellas de mar atlántico en paño blanco
que colgó papelitos de colores en el techo de sus senderos.

se habla del tiempo de la palabra de la mujer
y del relojero que cuelga péndulos exactos
en el aire de su mañana.

se habla de la mujer
de su lluvia, de su mano,
de su puño, de su letra,
de su viento tatuado en el cuerpo,
de sus infinitos soles, de su cicatriz.

no queda nada que no se haya dicho
nada que no se haya hablado.
nada.

entonces la mujer.

33. La retirada

No hay huida
:no se salva nadie en soledad
:no se abandona el campo a lo adverso
no hay odio
(por no atarse a lo que se odia)

hay distancia y tiempo.
tiempo de retirada.

avanzan las sombras
la luz se repliega, las invita a pasar y se guarda
toca perdurar en lo pequeño
no resistir la oscuridad
ser libélula feroz aleteando sin prisa
en el hombro del mundo.
ha llegado el tiempo
hoy aún sueño con campos sembrados de maíz
pero mañana arribaré a la ciudad.

no hay huida
:nada pesa
:todo va conmigo.

34. El poder de lo grande

En las calles los pasos son el trueno
y la intención de lo justo se erige
como la nueva poesía del ahora.
el cuello de este país
está hinchado de serpientes azules
la fuerza ha excedido el centro
y pugna por irse a los pasos
que dejarán huella, a las miradas
que se encontrarán, a las voces
que vencerán la mordaza y el olvido,
a la razón amanecida
a las manos que siembran
los anhelos palpitados
de este nuevo cuerpotodo
que germina, expectante.
se dilatan los límites de lo cotidiano
lo grande y lo justo destierran lo que doblega
lo que domestica y anula.
aún hay machos cabríos arremetiendo
contra las cercas que los encierran
y enredando sus cuernos en ellas
queriendo hacer temblar el campo que
todos habitamos.
están allí heridos, inmóviles.
pero los caminos son anchos y
están llenos de primavera
las flores de los senderos
están colmadas, abiertas.
antes que vuelva a ser mañana
somos el eje de nuestro caminar

el listón de miel que comienza
a anudar nuestro eterno presente.
la cerca se abrió para ti.

35. Acrecentar

"Si el ojo no fuera como el Sol,
nunca podría percibir el Sol".
Goethe

Torrentes de luz deletrean
lo que nace
        :el sol está en ascenso
        :el amor nombra
llama, convoca.

bum:bomba atómica.
el núcleo del átomo se divide
en átomos más pequeños
y libera toda su energía.
bum:bomba de hidrógeno.
los núcleos de los átomos se unen
para formar núcleos más grandes
una vez e infinitas
hasta tener el poder del sol.

el ojo es como el sol.

hasta que el sol nos deja ciegos.

36. El oscurecimiento de la luz

Vi una luz tal que mi alma tembló.
Hildegarda de Bingen

Esta es la profecía y la lengua ignota de Hildegarda.año 1163.
:antes de la llegada del cometa
muchas naciones serán azotadas por el hambre
y la necesidad.
la nación que está al otro lado del océano
hecha de tribus y linajes desemejantes
perderá sus colonias en el este
entre las garras y los dientes del tigre y el león.
sufrirá el mar
entre el terremoto y los huracanes
olas marinas la devastarán, la dividirán.
una parte quedará sumergida.
el cometa desbordará el océano
se anegarán muchos países
habrá miseria y plagas.
casi todas las criaturas vivientes
serán muertas por no
seguir las leyes de *Aigonz*, su Dios.
al final de los tiempos
justo antes de que el Sol
desaparezca en el horizonte
vendrá el hijo de la perdición.
será una malvada bestia
que acabará con quienes no creen en él
y será uno con reyes, sacerdotes
y poderosos.
y muchos le temerán. muchos le creerán,
hasta cerrar el ojo de adentro del alma.

37. El clan

A Javier y Sofía

En pocas horas acunarán
el amor retoñado.
será el inicio de su clan
de su tribu
:otra vez: de la especie
de lo que nombren
campo para la siembra.
será el momento del ensayo
tallando la silueta del infinito.

serán los formadores.

venimos del lugar y hacia él vamos.
los que fuimos
cuando fueron alumbrados
los que lo intentamos
los que nos equivocamos
los que amamos
            :estamos aquí
en su momento. allí nosotros.
es lo irreductible.

la estafeta es suya.
en el principio fue la luz
y luego el niño que verá por sus ojos
y sentirá en las paredes de su ser
el peso de sus alas.
será un hijo del amor

jugando con el viento y los sueños.
    :habrá un niño.
    :serán sus formadores.
tiempo de nido desvelado
y pactos con la vida.
será la nueva criatura
caminando para siempre cerca suyo.

conforme se abran sus ojos
serán las voces y las gotas emocionadas
el cansancio y el inseparable espejo
las luces e incertidumbres.
tendrán que arrodillarse y jugar
tendrán que descifrar el lenguaje desconocido
tendrán que olfatear la libertad
y la quimera por igual.
tendrán que derrotarse a sí mismos
y ganarse a sí mismos en la orilla
de cada día y cada pregunta.

de eso va la vida.

y entonces existirá ese alguien
que pondrá algunas veces sus pies sobre sus huellas
midiendo siempre su tamaño y hondura
y cada vez sus pasos
resonarán desde las esquinas de los siglos
en la memoria de la canción de cuna
que ahora lo duerme.

38. El antagonismo

Sobre las aguas tranquilas
que buscan sus mantos profundos
flamean las ardientes llamaradas
buscando lo alto.
entre ambas mi andar
cauteloso, pequeño
en la quinta hora
cuando la luz mengua
y me siento
extraña del otro
opuesta al otro
enajenada del otro.

dejo ir mi caballo salvaje
y no lo persigo, no lo ato, no lo domo
tejo una estera sola
por si quiere volver.
se acercan el calor y la humedad
la llama y la gota de agua,
está el mundo en embrión
anticipando el solsticio
y con los dientes abro mi cascarón
en medio de la tormenta
alejo de mí el arco y su flecha
y veo caer la lluvia.

39. El impedimento

Guardado en una
ráfaga de silencio
lo que no pude decirte.

le he vendado los ojos
al corazón
le he tapado la boca
            :lo dejé sin viento.
este torrente de distancia
y calor impedido
derrotó al músculo que late
y dejó su tumba de silencio
a la intemperie.

ante el amor y el crimen
temblamos igual
entregamos igual
miramos igual
y a veces, callamos igual.

40. La liberación

The man had killed the thing he loved,
And so he had to die.
Oscar Wilde
(The Ballad of Reading Gaol)

nunca Nadie
vio el sol como
aquel hombre
condenado a muerte.

Nadie miró con
ojos tan sedientos
aquel exiguo toldo azul
que los cautivos nombran cielo (Wilde dixit).

Nadie tan culpable
había llegado nunca
a sentirse tan ligero.

41. La merma

Si me atrevo a la soledad
ayúdenme a ver las estrellas.
que las diosas me envidien
por ser mortal, pequeña
:porque la eternidad no es más mi obsesión.
ya no persigo el futuro en la caparazón
de la tortuga,
y en medio de la tormenta
empaco mi bosque de sauces
en la maleta que me
acompañará a la siguiente estación.
el mañana no tiene faltas.
antes de florecer de nuevo
caminaré sobre los hilos de la telaraña
me haré semilla en el surco
silenciosa simiente en útero universal
para no olvidar que la perla
fue primero minúsculo grano de arena.
Y no me cansaré de esperarte,
día a día me asomaré a las puertas de mi ciudad
con vino en las manos;
por si regresaras con sed.

42. El aumento

Nosotros (hoy que ya no hay Otros)
decimos el poema en
este tiesto lleno de árboles
colmados de nidos y mundos
cosidos por el viento.
la página recibe nuestro ritual
de aurora y abrazo
                :nuestra mirada de crepúsculo
nuestro loco collar de misterio.
retoñan las luciérnagas
después del temporal
y la lengua tranquila de los grillos
anuncia la buena noche.
es la primera primavera
del mundo   :otra vez
es la última primavera
del mundo   :otra vez
somos nosotros
entre el paso y el abrazo.
nos contemplamos como el primer día
cuando éramos transparentes
cuando el viento y el trueno
se crecían entre sí
para ser un solo gigante
en el escabroso ascenso
al cielo azul.
nada pesa, es nuestro el tiempo
las grandes aguas nos esperan.

43. El desbordamiento

sé del peso por su ausencia
  (y de vos por tu cuerpo en el mío)
pesamos lo mismo
                :cuando cruzamos la miseria
                :cuando amamos
                :cuando flotamos en agua
pero por alguna misteriosa razón
vivimos la ilusión del peso como diferencia.

el río rompe los diques
el agua y el amor desplazan
nuestros cuerpos arriba del mundo,
                :la crueldad y la ausencia
en sentido contrario.

los dedos de los pies avanzan
estoy vigilante y dispuesta
mientras me desbordo en soledad
y camino bajo la lluvia
que me salpica.
                :estoy limpia.
en mis muslos no hay piel
y paso con dolor entre la cizaña,
pero no me desvío.
mi copa está llena debajo de la luna
y las aguas están allá,
al otro lado del cielo.

44. Ir al encuentro

A los cinco años
todos somos héroes
pero con el tiempo
unos se vuelven bárbaros
y otros humanos.
:en el camino, algunos desaparecen.

y sucede que los desaparecidos se van dos veces
:una cuando dejamos de ver sus ojos
:la otra cuando les olvidamos.
entonces descubrimos que
de nuestra memoria depende su vida.

pasó ayer y pasó hace tanto
pero nunca envejecen, nunca se mueren
nunca se van
1,2,3 juego de estatuas
en el patio de nuestra incertidumbre
nuestro dolor, nuestro temblor.
:tiempo de salir a tu encuentro

te traigo desde la mirada impotente y la vida imposible de tu madre
desde el umbral de la última puerta que cruzaste
desde el saco negro que cubrió tu cabeza para desterrarte del mundo
desde el grito que se te fue hacia adentro
cuando otra mano le tapó la boca a tu miedo.

tengo ganas de cansar a la ausencia
de escribir un poema para la mujer y el hombre que nunca volvieron,
hay tantas ganas de ponerle arrugas a los desaparecidos

por la simple hermosura de envejecer juntos.
quiero dormirme y soñar que escriben
quiero besar sus frentes cuando el viento llegue a todas partes
y cuando nuestros ojos se encuentren
habremos derrotado a la muerte.

45. La cosecha

Hoy el corazón me amaneció ancho.
con amor madrugado até
los haces de quietud y mazorcas
y mi afán de vendimia llenó
cestas de uvas nuevas y amores viejos,
de flores de lavanda e higos maduros.
la ciudad ha cerrado la boca
y por sus arterias de concreto
apenas unos cuantos deambulantes
          seres urbanos
          seres humanos
          seres sobre fémures de agua y luz
hechos torrente para el encuentro.
no busco a nadie, nadie me busca
somos solo mutua ofrenda
en la piedra y el aire
para la eternidad.
antes el hombre y el viento
segaron la higuera
y doblegaron su fruto.
se perdió la cosecha.
hubo tiempo de sequía y lagartos
entre el graznido negro del ave
y el irreductible altar del sacrificio
en donde todos perdemos
          :alguna vez
el corazón.
hoy mis brazos de río y plumas
acopian tus brazos
y los tuyos
y los tuyos
          :y los tuyos.

46. La subida

Llegar es apenas la mitad del camino.
tantas cimas para tan poca vida
y tan pesado el martillo que
insiste en que llegar es lo más importante

entrando a la vida y cada golpe de mazo
apunta a la cima
la que sea, cualquier cima
                    :pero la cima
años de preparación
meses de escalada
un día hacia arriba y de regreso al punto de partida
otro día hacia arriba y el vértigo nos recuerda
lo que media entre nosotros y los abismos.

cuanto más alto, menos aire.
el corazón no sabe qué hacer
se congelan las extremidades
y los fantasmas del coágulo y la muerte
se hacen amigos de nuestros fantasmas
de siempre.

un día llegamos.

no más de novecientos segundos en la cima
lo que dura un abrazo
un click
o un gesto de la memoria.
        (se puede perder la vida
        acomodándose en la cima)

todo pesa afuera
nada pesa adentro
ser uno con el alma universal

:tiempo de sobrevivir

el dolor del camino como volcán activo
tiembla y abraza. estamos volviendo.
la locura dibuja círculos en el aire

:no podemos dormirnos
estamos en trance
atravesando las fisuras más abiertas
de nuestros últimos abismos.

estamos volviendo
:cada vez más cerca
toca sacar el mapa y el espejo
queremos volver a casa
solo volver
lavar el cuerpo de los dioses
dormir una noche larga
al primer rayo de luz
imaginar la siguiente cima
y seguir el viaje.

47. El agotamiento

A mis grandes maestras,
las niñas abusadas

Dentro mío bosteza la sangre agotada
en el horror de vivir lo siguiente.
soy un cuerpo pequeño vestido
de siglos de agonía
de saliva negra y baba sucia.
me asusta la noche
por las veces que pesó sobre mi cuerpo
por las veces que tuve que cerrar los ojos
para viajar a su oscuridad.
me asusta el susto
que me tapó la boca
disfrazado de amor.
me acostumbré a las cadenas
:cadena de obediencia
:cadena de custodia
:cadena de mando
:cadena de silencio
:cadena de valor
:cadena de abandonos
cadenas en las manos y los pies
pies de plomo que se arrastran
rastros de dientes en las costuras de mi cuerpo
cuerpo de sal cosiendo las heridas
heridas de pólvora y semen
por donde no moriré desangrada
sangre en las grietas de mi carne

grietas por donde brota la gota
en la que plantaré ímpetu y palabra.

cuando me exilie de la venganza y la rabia
mis heridas se cubrirán de miel
para recordar que toda grieta que se restaura
hace aún más bello lo que antes estuvo roto.
entonces seré un poema inapelable.

48. El pozo de agua

Cambié de casa y de ciudad
y el pozo permaneció
lleno de la saliva
subterránea de la existencia
del semen de los dioses
de la leche que alimenta la vida.
          :algunos llegaron después
          :otros tendrán sed mañana
o querrán limpiarse el cuerpo
y verán romperse la cuerda
y la vasija antes de
mojar sus labios y su piel.
          :el pozo no ve a quien se entrega
          :y quien no se entrega no lo ve.
en el centro del animal el pozo
          pozos solo para peces
          pozos a los que ni los animales acuden
porque las estaciones pasaron de largo
          pozos que fueron y son inolvidables
aunque el agua haya doblado su
vestido de tiempo y se haya ido.
en lo profundo de mi memoria
          el pozo
en el pozo el agua y en el agua
evocada por la bestia de labios dulces
la gota de orillas invisibles.

lo inagotable es el pozo.

49. La revolución

¿Qué es aquello que no cambia?
todo muta todo se renueva
todo se regenera todo se mueve todo
la piel de la serpiente nunca crece
al ritmo de su cuerpo
y se desgasta de tanto arrastrarse.
          :queda librarse de la piel o morir

durante la muda
está más blanda, más expuesta
          :crece
          :prolonga la vida
se transforma la serpiente
por su piel.

el viento azota al tigre
pero sus manchas permanecen
¿qué es aquello que no cambia?

50. El caldero

En el concreto resucita el fuego
y en la caja de vidrio
de la quinta avenida de Nueva York
hay un caldero que espera.
la leña entra al fuego
lo crece lo mantiene
            el fuego arde
en el caldero se prepara
el banquete celebratorio
y de la manzana mordida
renacen los momentos perdidos
de una civilización severa y poética.
se abre el paréntesis
en la historia de las costumbres
se ofrenda el sacrificio
y se alimenta el destino manifiesto.
nada cambia tanto las cosas
            como el caldero.
la vida ha de mantenerse ardiendo
para que de ella mane perpetuamente
lo que muere y lo que no muere.
el caldero arde durante los seis momentos
entre el pasado y el futuro
entre la manzana mordida
y su nueva urna de cristal.

51. El trueno

Quería un poema de trescientos hilos
que trajera el trueno amanecido al alma del mundo
y el temblor de fuego que me sobrecoge y recorre.
quería respirar el misterio del universo
cuando el cielo está verde
y permitir que ese primer bramido
del dragón dejara sorda a la matriz de mi mundo.
quería.
quería quedarme ocho siglos estupefacta
poblada de ganas de vos y despojada de lo inmóvil.
quería meterme debajo de la cama
como los perros cuando sienten la tormenta
quería recordarte en mi todo cuerpo
y temblar.
quería contar hasta doce luego de cada relámpago
y ser nueva después de cada trueno
para dejarte ir.
pero una araña quedó atrapada y disecada
en la hoja setecientos treinta y cinco
del libro de mi vida quién sabe hace cuánto tiempo,
justo sobre la palabra "levantarse".

52. El aquietamiento

Lo acepto. ya todo pasó.
mi espalda está quieta
anticipando el siguiente movimiento
tomándole el pulso al universo
viéndole los ojos a la serpiente
que vio los míos.
no estoy sola
soy montaña por fuera inmóvil
por dentro inquieta
mañana con horizonte.
movimientos profundos, parcos
no es fácil aquietar un corazón
que piensa siempre
todo me habla
el gemido candoroso del hierro
y el candado de los amantes
en el puente de los deseos
la tierra que tiembla
la miel en la boca que aprende las letras
y la metralla en manos niñas.
escribo hacia adentro
con los sentidos despiertos
sin carnaval ni máscara
hasta con melancolía.

:siento peso en mi por algo que no tengo.

el pecado fue hallar el amor
en un planeta desamorado
y tener que dejarlo ir,

la herejía está en no saber qué hacer
con estas ganas de amar.

camino.
en la montaña levantada del otoño
he perdido el miedo a echar raíces
porque las raíces también son ramas.
del universo me llama todo
insisto en cubrirme de verde
y contengo todas las eras.
hay alas
entre los pulmones y el corazón
en los dedos de los pies
en la quietud de lo que se sostiene.
          para volar
          tengo que dejar de hablar de volar.

terca gota
elijo lo que más asusta, lo que pide más.
me hago cargo
hasta volver a ser embrión del silencio.

53. La evolución

Y volvió el ave carpintera
al pulmón de árboles
que renace mi cuerpo
cada jornada.
el vuelo largo se ha detenido
sin prisa por vivir
sin prisa por morir.
la parada es por el mismo nido
con otras plumas y otras ramas
en el tronco sereno y más viejo
sostenido en su gota gorda de resina.
savia noj nahual pico fuerte
horadando el tiempo
para incubar la vida.
no somos de la tierra
nuestras raíces están en el universo
              :luego del vuelo de las nuevas criaturas
nos sumergiremos en el fondo
de nuestros viajes
y el abrazo será sostenido
hasta que dos cuerpos
vuelvan a desear el nido
y todo comience de nuevo.

54. La que se casa

No es tu sexo lo que en tu sexo busco
sino ensuciar tu alma:
desflorar
con todo el barro de la vida
lo que aún no ha vivido.
Leopoldo María Panero

Por el lenguaje existimos
traducimos el mundo
y nos hacemos mujeres en él.
por eso, antes de jurar los votos
para cumplir cualquier designio
hablá mujer, decí y decite algo
que sea tan profundo como la agonía
y tu ilusión,
hacé el deporte de la honda palabra
ejercé tu idea ante las ideas de
libertad, propiedad y amor que hay en tu mundo,
perdurá el asombro
perdele el miedo a la pregunta
prometete la vida
desandá la costumbre y desmantelá
el rito y el pecado.
solo entonces resolvé el milenario
mandato y elegí parir o no un hijo
viví un amor sencillo y a torrentes
        como tu sangre
        (incluso con vos misma)
y nombrate mujer.

55. La plenitud

Hoy soy el sol al mediodía
hay manojos de frisias entre el bosque y mi corazón
y he hecho las paces con el mundo.

mi viento y mi agua son uno
como uno son mi rayo y mi trueno.
soy la *summa* en el movimiento perpetuo
abarcando las horas en que
me lleno y me vacío cada día
meciéndome en el columpio
de la savia y la gran aurora.

sólo por hoy no temeré.
despertaré a las seis de la mañana
para darme cuenta que ha vuelto el cielo pródigo
como vuelven cuando quieren, el hijo,
las mariposas monarcas y el amor.

por la noche, todos los durmientes del mundo y yo
seremos un solo cuerpo
lleno de sueños y libélulas celestes
en la noche preñada de luz.
y habrá una historia, un tren esperando pasajeros
una siguiente estación abandonada
y una mujer toda completa.

56. Nómada

En Sofiowka nació un niño   :1899
que descubrió temprano el secreto de la madera
y carvó en ella el olor, el grito, la textura de lo humano
        :la ebanistería como la vida, tallan el enigma
        con la guadaña de la muerte.
la guerra lo llamó a los diez y siete
y aprendió temprano el arte de pacer demonios
en las tropas alemanas
que se asentaron en las trincheras francesas.
sangre nueva catapultada del puerto de Pillau al río Meusse
hacinada en trincheras de odio infestadas de ratas
en agonía por el ataque de perpetua artillería,
el peso del fusil con bayoneta y los lanzallamas. todo pesó.
todo pesa.
también el miedo de la noche de ayer al gas venenoso
y el de despertar mañana habitando idéntica pesadilla.
quiero creer que no existió Verdún
que no hubo 303 días masacrados en el mal sueño
de una roja noche encarnada,
pero en la memoria del universo habitan sus ruinas y su sangre
y en mi Guatemala dormimos sobre huesos.
a los veintiuno el niño volvió de la guerra y abordó el Gelria
        :con su sombra callada
hacia el bosque impenetrable de Argentina.
en el bolsillo de su pantalón, la harmónica de Verdún.
al final de su vida, el gavetero de roble oscuro tallado
con filo de evocación y bayoneta.
en la gaveta, la historia del niño sentado en el muelle
con un barquito de madera mirando hacia la otra orilla;
manojos de aves migratorias sacuden las nubes
que dibujan (con raspines obstinados)
gotas en los lagrimales del ebanista.

57. El viento

La realidad bautiza.
anoche el viento limpió mi mundo
agitó cada hoja de mis árboles
se coló por cada una de mis fisuras
hizo volar cada grano de mi polen a su destino
entró en los pliegues ocultos de mis pensamientos
y mis sueños
y me obligó a nombrar
su sonido
su paciencia
su inclemencia.
el céfiro pasó y volvió a pasar por mi cuerpo
como nos pasa lo que nos embiste
lo que vuelve sonoros nuestros bosques
lo que anima nuestras selvas
y desordena nuestras apacibles praderas.
el loto movido por el viento es abanico roto
la capa del rey está destrozada
algunos nidos se me han caído
los fantasmas murieron otra vez
todo se ha movido dentro de mí
los animales están resguardados
y mi dragón está de nuevo en calma.

58. El lago

En la mirada de la niña un gusano medidor
llega hasta la otra orilla madrugante.
anatomía del hipnotismo de quien se atreve
a cruzar las grandes aguas
    :misterium tremens
    :misterium fascinosum.

el lago mantiene junta al agua.

    Citlatzin :estrellita: la joven de cabellos largos
    se lanza al pozo celeste entre volcanes
    y su canto enamora a las aguas
    como enamora a Tzilmiztli, el puma negro.
    es el enojo de las aguas que le piden ayuda al viento
    es el enredo en las corrientes enfurecidas
    es la muerte del astro y la fiera
    en la boca del lago.

el Xocomil, viento que recoge los pecados, duerme
mientras espera su hora justa
para hundir embarcaciones y amantes
en remolinos imantados de agua dulce.

la niña se sumerge en el lago
su cuerpo recuerda la historia abuela
las piernas tiemblan en las corrientes heladas
las piernas del padre esperan en la otra orilla
y está el amor gritando en el agua
y hay brazos sin nombre

y ojos hacia adentro
y costillas cansadas.

las aguas han sido atravesadas
el pecado ha sido derrotado.
La niña está dormida.

59. La disolución

Imposible hacer una buena película
sin una cámara que sea como un ojo
en el corazón de un poeta, Welles dixit.
detrás del lente
siempre hay un ojo viéndolo todo
    :que la yegua va corriendo esta noche
a galope entre las ruinas y la oscuridad
en busca de la luz
    :y que las piedras de los muros por donde pasa
amenazan con caerle encima.
vamos jadeando
y hay tentación de desaliento
somos pregunta que corre
sudor consumido
sangre casi derramada
pero los pasos entran al camino
del regreso
y el ojo ya vio la salida.

60. La restricción

Me olvidaré de casi todo para saciar esta sed
de vos
pero no beberé jamás del Leteo
donde se lavan los recuerdos terrenales.
quiero mi amor intacto
quiero su nombre intacto.

desterraré la letología
y no practicaré jamás el oficio de olvidar el lenguaje
que aprendimos juntos mientras subíamos
al amor con el corazón encendido.
y veré cada noche el río,
pero sus aguas no me llamarán.

61. La verdad interior

Ahogar en la corriente de mi infatigable río
las preguntas que no son mías,
esas que no me pertenecen
esas que otros se han hecho
y se me han puesto en el cuerpo
como si las hubiera pensado sola.

en las tablillas de mi historia
las preguntas de otros
no son hoy mis preguntas.
                    tengo las propias.
quiero saber si puedo diluirme
en la experiencia de la vida
hasta llegar al centro de mí misma,
de nosotros.
intento saber si soy parte del todo
o hasta extranjera de mí.
me pregunto si acepto
las propias derrotas
si estoy lista para vivir en este mundo
a pesar de su imperiosa y constante
intención de negarme.
me pregunto si puedo vivir cada día
asumiendo las consecuencias
del amor.

por ahora, no más preguntas.

62. La preponderancia de lo pequeño

El ave está volando cerca
:es la señal
de este último domingo de febrero.
no quiere hoy llegar lejos
ni olvidar el suelo bajo su aleteo
pasa de largo frente al abuelo
va en busca de la abuela
que está sentada en su memoria
leyendo la historia del mundo,
riendo ante la flecha disparada
y la seriedad cinematográfica de los dioses.
hoy juega con la hormiga solitaria
hoy enciende el fuego batiendo las alas
hoy me abre el pecho
como se abre la caja negra de un universo
caído y secuestrado.
hoy es la primera pequeña escena del mundo
y no hay en ella misterio.

63. Después de la consumación

¿Te has preguntado alguna vez
adónde va toda esa mugre humana?
¿Qué ensuciamos cuando nos lavamos?
Daniel Pennac *(Diario de un cuerpo)*

Mi dulce abuela se lavaba siempre las manos
luego de que alguien estrechara las suyas
y decía que quería que la enterraran
en la parte más alta del mausoleo familiar.
no quería gusanos
comiéndole los ojos o los intestinos
ni subiendo por sus largas uñas
en las noches de ataúd.
pero el día de su entierro
el mausoleo estaba lleno
y debimos dejarla un par de lunas
en la parte más baja del panteón.
          hasta que mi madre no pudo más.
la segunda vez la enterramos
arriba de todos sus muertos.
hasta allí no habrá llegado alimaña alguna.

64. Antes de la consumación

¿Quién no suscumbe a la finitud?
un día no sabré más en qué modo
conjugar el verbo *Soy*.
seré al mismo tiempo mi presente,
mi pretérito, mi futuro
y en el instante del deseo
hasta mi condicional.
¿soy sido fuere seré siendo
era sea fuera fuese fui
sería sé ser?
ser o no ser no fue nunca la pregunta
porque estaré siempre siendo
y habré siempre sido. eternamente.
será entonces el soplo
previo a la consumación
el que comenzará a detener mis ríos de
fosforescente y caliente sangre
sin paso rápido, pero sin detenerse.
canción de tiempo justo
suspiro irreductible
previo a la despedida
de este tramo del viaje.
        la vida se habrá confirmado en mí como poesía
        y la muerte habrá llegado como su poema ineludible
        su edicto irrenunciable.
y cuando no esté
mis versos hablarán con tu poesía
de su silencio natal
del indefinible Amor que los parió,
de la vida

de la increíble y finita vida
ante la que todos algún día sucumbimos
para ser infinitud.
y tendrán la longevidad
de la memoria y el signo
que tus células, tus átomos
y tu corazón elijan
para un día o para siempre.
        y no habremos muerto.

Índice

Nada pesa (p = m x g) de Carolina Escobar Sarti se terminó de imprimir en noviembre de 2017, año del cincuentenario del otorgamiento del Premio Nobel de Literatura a Miguel Ángel Asturias (1967). F&G Editores, 31 avenida "C" 5-54 zona 7, Colonia Centro América, 01007. Guatemala, Guatemala, C. A. Teléfonos: (502) 2292 3792 — (502) 5406 0909 informacion@fygeditores.com www.fygeditores.com

Más poesía en F&G Editores

No somos poetas

Patria mi cuerpo.
Historia de una mujer desnuda

Te devuelvo las llaves
Carolina Escobar Sarti

Vamos patria a caminar
Otto René Castillo

Poesía completa
Marco Antonio Flores

Popol Wuj
(Edición popular)
Sam Colop

Canto palabra de una pareja de muertos
Premio de Literaturas Indígenas B'atz' 2007
Pablo García

Adentro desde la cueva
Tania Palencia

Transparencia del mal
Alejandra Flores

Esto no puede escribirse en prosa
Alexander Sequén-Mónchez

Cartografía de la ausencia
Silvia Donoso López

Made in United States
North Haven, CT
11 November 2026

22091512R10062